박시백의 조선왕조실록

6

예종·성종실록

일러두기

2024 어진 에디션은 정사 《조선왕조실록》을 바탕으로 한 이 책의 특징을 드러내고자
어진과 공신화에서 모티브를 얻어 박시백 화백이 새롭게 표지화를 그렸다. (표지화 인물: 성종)

박시백의
조선왕조실록

The Veritable Records of 6 The Veritable Records of King
the Joseon Dynasty   Yejong and Seongjong

예종·성종실록

Humanist

머리말

　　　외환위기가 한창이던 때였다. 어쩌다가 사극을 재미있게 보게 되었는데 역사와 관련한 지식이 너무도 부족한 자신을 발견하게 되었다. 그도 그럴 것이 젊은 날에 본 역사서는 근현대사가 대부분이었고, 조선사에 대한 지식이라고는 중·고교 시절에 학교에서 배운 단편적인 것들이 거의 전부였다. 당시 나는 신문사에서 시사만화를 그리고 있었다. 다행히 신문사에는 조그만 도서실이 있었는데, 틈틈이 그곳에서 난생처음 조선사에 대한 여러 책을 접할 수 있었다.

　　　조선사, 특히 정치사는 흥미진진했다. 거기에는 우리에게 익숙한 수많은 역사적 인물의 신념과 투쟁, 실패와 성공의 이야기가 있었고,《삼국지》나《초한지》등에서 만나는 극적인 드라마와 무릎을 치게 하는 탁월한 처세가 있었다. 만화로 그리면 재미있겠다는 생각이 들었다. 몇 권 더 구해 읽다 보니 한 가지 궁금증이 생겼다. 어디까지가 정사에 기록된 것이고 어느 부분이 야사에 소개된 이야기인지가 모호했다. 이 대목에서 결심이 섰던 것 같다. 조선 정치사를 만화로 그리자, 그것도 철저히《실록》에 기록된 정사를 바탕으로 그리자.

　　　곧이어 다니던 신문사를 그만두고《국역 조선왕조실록 CD-ROM》을 구입했다. 돌이켜보면 참 무모한 결심이었다. 특정한 출판사와 계약한 것도 아니고,《실록》의 한 쪽도 직접 본 적 없는 상태에서 작업에 전념한다는 미명 아래 회사부터 그만두었으니. 내 구상만 듣고 아무 대책 없는 결정에 동의해준 아내에게도 뭔가가 씌웠던 모양이다. 궁궐을 찾아 사진을 찍고 화보자료를 찾아 헌책방을 기웃거렸다. 1권에 해당하는 부분을 공부한 뒤 콘티를 짜기 시작했다. 동네를 산책하면서도 머릿속에서는 항상 그 시대의 인물들이 이야기를 주고받고 다투곤 했다. 어쩌다 어떤 인물의 행동이 새롭게 이해되기라도 하면 떨 듯이 기뻤다.

마침내 펜선을 입히면서 수십 장이 쌓인 뒤 처음부터 읽어보면 이게 아닌데 싶어 폐기하기를 서너 번, 그러다 보니 어느새 1년이 후딱 지나가버렸다. 아무런 결과물도 없이 1년이 흘렀다고 생각하니 슬슬 걱정이 차오르기 시작했다. 이러다간 안 되겠다 싶어 100여 장의 견본을 만들어 무작정 출판사를 찾아가기로 했다. 그렇게 견본을 만든 후 몇 군데에서의 퇴짜는 각오하고 출판사를 찾아가려던 차에 동료 시사만화가의 소개로 휴머니스트를 만나게 되었고, 덕분에 다른 출판사들을 찾아가지는 않아도 되었다.

이 만화를 그리며 염두에 둔 나름의 원칙이 있다면 이랬다.
첫째, 정치사를 위주로 하면서 주요 사건과 해당 사건에 관련된 핵심 인물들의 생각과 처신을 중심으로 그린다.
둘째, 《실록》의 기록을 바탕으로 하면서 학계의 최근 연구 성과를 적극 고려하고 필자 스스로도 적극적으로 해석에 개입한다.
셋째, 성인 독자들을 주된 대상으로 삼되, 청소년들과 역사에 관심이 남다른 어린이들이 보아도 무방하게 그린다.

흔쾌히 출판을 결정해준 휴머니스트 김학원 대표와 책이 나오는 데 애써준 휴머니스트 식구들에게 감사드린다. 그리고 언제나 곁에서 응원해주고 적절히 비판해주는 아내와 사랑하는 두 딸! 고맙다.

2003년 6월

세계기록유산은 모두의 것이며,
모두를 위해 온전히 보존되고 보호되어야 하며,
문화적 관습과 실용성을 충분히 인식하여
모든 사람이 장애 없이 영구적으로 접근할 수 있어야 합니다.

The world's documentary heritage belongs to all,
should be fully preserved and protected for all and,
with due recognition of cultural mores and practicalities,
should be permanently accessible to all without hindrance.

—〈유네스코 '세계의 기억' 프로그램의 목표〉중에서

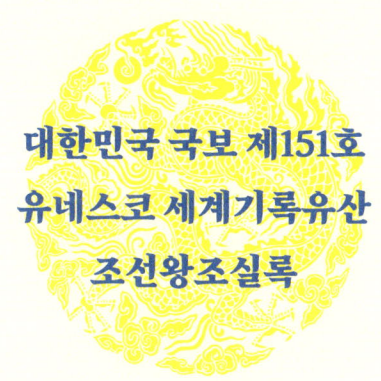

대한민국 국보 제151호
유네스코 세계기록유산
조선왕조실록

진실성과 신빙성을 갖추고
25대 군주, 472년간의 역사를 6,400만 자에 담은
세계에서 가장 장구하고 방대한 세계기록유산,
세계인이 기억해야 할 위대한 유산
《조선왕조실록》의 세계로 초대합니다.

차례

머리말 4
등장인물 소개 10

제1장 짧았던 예종의 치세

구공신 vs 신공신　14
유자광의 고변　21
남이의 옥　31
권력을 장악한 대신들　42
그 아버지에 그 아들　47

제2장 대신 권력의 시대

후계서열 3위 잘산군　60
수렴청정　66
구성군도 쫓아내고　76
미래를 위한 포석　83
군주 수업　88

제3장 왕권을 되찾다

친정의 시작　96
한명회의 추락　104
도학군주　115
성종식 인사와 사림의 등장　122
월산대군과 제안대군의 삶　134

제4장 다시 온 태평성대

유교의 생활화 146
금승법과 인수대비 151
성종의 치적 157
태평성대의 이면 162
희대의 스캔들 어우동 사건 171

제5장 성종이 남긴 유산

중전을 폐하다 178
폐비에게 사약을 189
대간 권력을 남기고 197

작가 후기 208
《예종·성종실록》연표 210
조선과 세계 214
Summary: The Veritable Records of King Yejong and King Seongjong 215
The Veritable Records of the Joseon Dynasty 216
세계기록유산,《조선왕조실록》 218
도움을 받은 책들 219

등장인물 소개

예종
조선의 제8대 왕. 강력한 임금이 될 자질을 가졌으나 요절하고 만다.

안순왕후 (인혜대비)
예종 비

자성대비 (정희왕후)
세조의 부인으로 성종을 도와 7년간 섭정을 한다.

신숙주
구공신의 핵심 인물. 구성군 제거에 앞장선다.

인수대비 (소혜왕후)
성종의 모후

유자광
서자 출신으로 이시애의 난과 남이의 옥사로 크게 성공한다.

한명회
구공신의 대표적인 인물로 자성대비의 섭정 시절 임금에 버금가는 권세를 누린다.

남이와 구성군
신공신의 대표 주자들이었으나 구공신과의 싸움에서 패배한다.

성종
조선의 제9대 임금.
도학군주로 불릴 만큼
유교 원리에 따른
정치를 했다.

폐비 윤씨
지나친 질투와
거침없는 발언들로 인해
폐위된 후 사사된다.
연산군의 생모.

월산대군
성종의 친형

권력화한 대간들

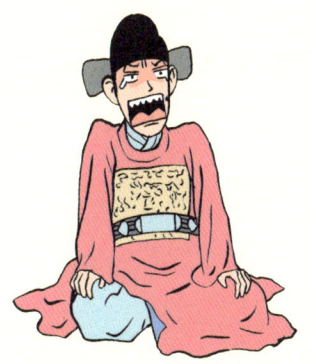

제안대군
예종의 아들

김종직
신진 세력인 사림의 리더로
성종의 총애를 받는다.

임사홍
사림 세력에게
소인으로 찍혀 밀려난다.

남이 장군 묘

경기도 화성시 비봉면에 있는 남이 장군의 묘. 역모죄로 능지처참된 후 7일간 효수되어 있었던 까닭에 제대로 장사 지낼 수는 없었으리라. 남이가 실제 이곳에 묻혔으리란 보장은 없지만, 이곳에 남이 장군의 묘로 조성해놓았다. 춘천 남이섬에도 남이가 묻혀 있다는 전설을 가진 돌무더기가 있었다.

제1장

짧았던
예종의 치세

구공신 vs 신공신

신공신! 이시애의 난을 진압하면서 급부상한 종친과 무장 세력을 일컫는 말이다.

말년에 구공신들의 힘이 너무 커졌다고 생각한 세조가 그들을 견제하기 위해 일부러 키웠다.

어느 한 세력이 너무 커지면 대항 세력을 키워 통제한다! 통치술의 기본원리지.

이로 인해 세조 말년에 이미 조정에는 구공신과 신공신이라는 이질적인 두 세력 간의 갈등이 자라나고 있었다.

신공신의 핵심 인물로는 영의정인 구성군 이준과 병조 판서 남이가 있다.

둘 다 스물여덟의 팔팔한 청년이었지만 기질과 처신은 많이 달랐다.

이시애의 난을 진압할 때 선봉장으로 용맹을 떨쳤고

남이는 태종의 넷째 딸인 정선공주의 아들로 스무 살에 무과에 급제했으며,

뒤이은 건주 여진 정벌에서도 공이 큰 청년 무장이다.

좋은 가문, 타고난 무재, 우뚝 선 공(功)!

그의 가슴속은 자부심으로 가득했다.

"솔직히 공으로 치면 구성군도 나를 못 따라오지. 총사령관이란 이유로 안전한 후방에만 앉아 있었을 뿐 무슨 공이 있어?"

"나는 화살이 빗발치는 최전선에서 적도들을 물리쳤단 이 말이야."

스물여덟에 병조 판서가 되었지만 그런 출세를 부담스러워하기보단

"병조 판서 꿈이야…"

더 높은 자리에 오른 구성군을 질투했다.
(제5권 198쪽 참조)

"전하께서 구성군을 지나치게 아끼시니 신은 옳지 않다고 여깁니다."

'전하의 그대 사랑도 엄청 지나쳐.'

유자광의 고변

남이가 끌어들이려 애쓴 인물 중에 유자광이 있다.

힘이 세고 날랜 데다 두뇌까지 비상하지만 서자 출신이어서 달리 몸담을 데가 없는 친구.

신분으로 보나 출사한 과정을 보나 구공신들과는 섞이기 어려울 테고…

내 사람으로 만들면 큰 힘이 되어줄 거야.

서자 출신인 까닭에 벼슬길이 막힌 유자광은 처지를 비관하곤 건달 생활로 소일했다. 내기 바둑, 내기 장기, 아녀자 희롱…….

장이야!

에이, 언니 같이 좀 놀자니까? 응?

그러다가 철이 들었는지 타고난 무재를 이용해 갑사가 되었다. 건춘문 경비를 서고 있을 때였다.

이봐, 북방 소식 들었어?

언뜻 듣긴 했는데… 반란이야?

그래, 이시애라는 자가 반란을 일으켰는데 위세가 장난이 아닌가 봐. 곧 전국적인 동원령이 있을걸.

내심 답답하던 차에 접한 후련한 문장이었다.

*광망(光芒): 빛의 줄기.

'남이의 옥사'에 대한 통설은 평소 남이를 시기하던 유자광이  임금도 남이를 싫어한다는 사실을 눈치채고  남이의 말을 과장하여 모함함으로써 그를 죽게 했다는 것이다.

이를 입증하는 사례로 거론되는 것이 '남이의 시'에 얽힌 유명한 얘기다.

이 시 중 '未平國'을 '未得國'으로 유자광이 바꿔치기하여 남이의 역심을 입증했다는 것인데,

아무래도 위 이야기는 창작의 혐의가 짙어 보인다.

실제 국문 과정에 위 이야기가 나왔다면 《실록》에 기록되지 않았을 리 만무하지 않은가?

《실록》은 과연 '남이의 옥사'를 어떻게 기록하고 있는지 국문장으로 가보자.

남이의 옥

남이, 강순을 비롯해 문효량, 변영수, 변자의, 오치권, 조경치 등은 거열형에 처해진 뒤 7일간 효수되었다.

남이와 친했던 이들도 그 일당으로 간주되어 죽음을 맞았다.

반면 고발자 유자광은 정난공신 1등에 책봉되었을 뿐 아니라 남이의 집을 보너스로 받았다.

그렇게 예종 즉위 한 달 보름 만에 발생했던 '남이의 옥사'는 마무리되었다. 남이는 과연 역모를 꾀했던 걸까? 아니면 단지 유자광의 모함에 억울하게 걸려든 걸까?

마지막의 자포자기식 진술은 논외로 친다 해도 이상의 기록을 보건대 남이가 칼을 뽑았던 것만은 분명한 듯하다.

다만 그의 칼 끝은

임금이 아니라 한명회 등 구공신 핵심들을 향했던 것으로 보인다. '역모'는 아니었으나 오해의 소지는 다분했다 하겠다.

동조자를 규합하는 과정은 거칠었고
혜성은 간신이 발호할 징조라네.

결정적으로 유자광을 잘못 판단했다.
내가 구공신들로부터 환영받을 수 없는 사람인 건 맞아.

그렇다고 실패가 뻔히 보이는 일에 무작정 뛰어들 만큼 바보는 아니라네.

생각해보. 그대가 세조대왕의 특은으로 지금의 지위에 오르긴 했지만 노회한 젊치 9단들인 구공신들을 상대하기엔 역부족이라고.

더욱이 그대는 주상 전하로부터 경계받고 있는 처지 아닌가?

권력을 장악한 대신들

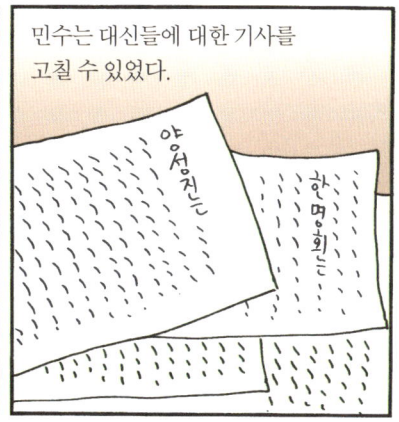

그 아버지에 그 아들

예종은 세조의 차남.

형인 의경세자가 스무 살의 나이로 요절하면서 세자가 되었는데 이때 그의 나이는 여덟 살이었다.

어렸지만 세자라는 자리의 막중함을 이해했는지 성실히 세자 수업에 임했다.

서연에도 하루 세 번씩 꼭꼭 참석했고 안팎의 우려를 살 만한 행동은 전혀 하지 않았다.

세자 나이 열다섯,

문종의 전례를 따라 세자를 조계에 참석시키겠다.

이후 5년 가까이 예종은 세자 신분으로 조회나 조계에 참석하면서 현실정치를 배웠다.

* 조회(朝會): 벼슬아치들이 아침 일찍 정전에 모여 임금에게 문안을 드리고 나랏일을 아뢰던 일.
* 조계(朝啓): 벼슬아치들이 매일 아침 편전에 나가 임금에게 나랏일을 고하는 일.

* 대행왕(大行王): 죽은 뒤 아직 묘호가 정해지지 않은 왕.

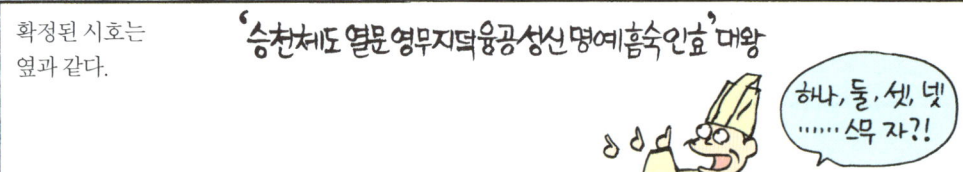

예종의 강경한 태도는 계속된다.
경차관을 하삼도(충청, 전라, 경상)에
보내면서 하는 말을 들어보자.

주요 현안들은 모두 대신들과 의논하여
결정하면서도

간간이 내비치는 임금의 발언은 그들을 긴장시키기에
충분했다.

* **의친(懿親)**: 정이 두터운 친척. 또는 왕실의 종친.

예종은 부왕인 세조의 정치를 옆에서 지켜보면서

부왕을 자신이 추구할 모델로 삼은 듯하다.

예종 1년, 그의 나이 스물, 형옥을 맡은 관리들에게 전한 다음의 당부를 보면 임금의 사명을 대하는 그의 마음가짐이 엿보인다.

임금은 하늘을 본받아 백성을 다스리는 것이니 살리기를 좋아하고 죽이기를 피해야 한다. 형옥을 설치하는 것은 당초에 부득이한 일이나 옥살이의 고생은 차마 말로 다할 수 없는 것이다. 한번 감옥에 들어가면 수갑과 족쇄에 손발이 묶여 하루를 보내는 것이 일 년과 같다고들 한다.

옛사람이 이르기를, '땅에 금을 그어 감옥이라 해도 사람들은 들어가려 하지 않고 막대기를 세워 형리라 해도 피하려 한다.' 하였으니 실로 헛된 말이 아니다.

과인이 여러 번 날짜를 정해 옥사를 처리하고 지체하지 말라고 명했거늘 어찌하여 요새 옥사가 지체되는 일이 더욱 많아지는가? (지체되다 보면) 마침내 죽음에 이르기도 하고 용서를 받는다 해도 이미 재산을 다 탕진하여 어버이를 섬기고 자식을 키울 수 없게 되니 진실로 민망한 일이다.

그대들은 나의 지극한 뜻을 알고 조금이라도 지체되지 않도록 하라. 어길 시엔 내가 용서치 않겠노라!

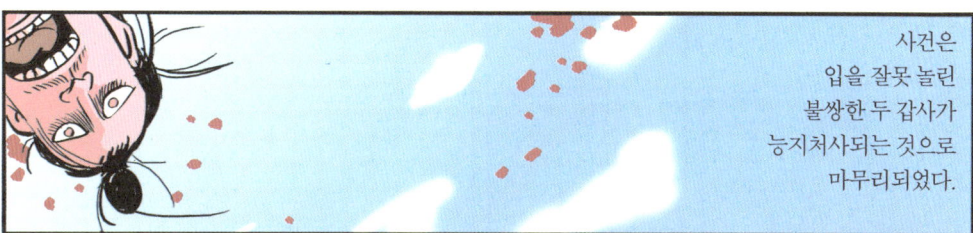

예종은 실제 그럴 만한 재주와 배짱이 있는 인물이었다. 그런데 한 달쯤 뒤,

예종은 족질을 앓는다. 세자 시절부터 여러 번 앓아온 병이니 새삼스러울 것도 없었지만

병세가

급격히 악화되어갔다.

급기야 늘 하던 대로 종묘사직을 비롯해 소격서, 원각사, 명산대천에 사람을 보내 쾌유를 빌었지만

예종 1년 11월 28일 아침, 재위한 지 겨우 14개월여 만에 눈을 감고 말았다.

창경궁
성종이 대비들을 모시기 위해 1484년에 조성했다. 당시 좌찬성이던 서거정이 여러 전각의
이름을 지어 올린 창경궁은 창덕궁의 후원이 있던 자리이므로 창덕궁의 확장이라고도 할 수 있다.
나중에 일제에 의해 창경원으로 격하되는 수모를 겪기도 했다.

제2장

대신 권력의
시대

후계서열 3위 잘산군

*주상(主喪): 죽은 사람의 제사 전체를 대표로 맡아보는 사람.

이상이 후계 결정에 대한 《실록》의 기록이다.

여기서 주목할 것은 신숙주가 나서서 후계 문제를 제기한 점과

정현조가 서너 차례 신숙주와 대왕대비 사이를 왕래했다는 사실이다.

이는 후계자의 결정이 대신들과 대왕대비 간의 정치적 결탁의 소산임을 보여준다.

후계서열 1순위인 원자(제안군)의 나이는 겨우 네 살이다.

수렴청정

먼저 예종의 비 안순왕후 한씨.
(인혜대비 → 명의대비)

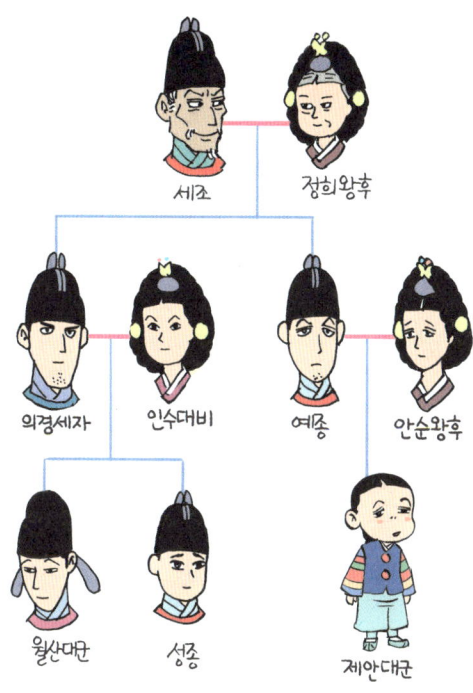

성종의 모후인 인수대비 한씨(소혜왕후), 한확의 딸로 의경세자의 배필이 되었으나 (제4권 84~85쪽 참조)

의경세자가 스무 살에 세상을 뜨면서 국모의 꿈을 접어야 했던 여인.

당시의 여인들로서는 드물게 유교 경전, 사서까지 두루 읽은 인텔리로서

정치적 식견도 뛰어났다.

잘하셨습니다. 원상들이 깜짝 놀랐겠습니다. 하하

그리고 두 대비의 시어머니인
자성대비(정희왕후) 윤씨.
세조의 부인이다.

생전에 세조는 그녀를 사랑하여 크고 작은 행사에
함께 참석하는 일이 잦았고

주요한 사안이 있을 때면 종종 의견을 청해
듣곤 했다.

신하들에게 그녀의 의견을
소개하는 장면도 여러 번 보인다.

세조는 사랑하는
부인을 위해 그녀의
인척을 모두
등용하고 싶었다.

아니 되옵니다.
전하!

관작은 마땅히
어진 사람들을 골라
제수하셔야 합니다.

이렇듯 자제력과 배짱, 그리고 격동의 세월을 거쳐오며 터득한 정치력까지 갖춘 그녀가

수렴청정이라 해도 사극에서처럼 수렴 뒤에 앉아 섭정을 한 경우는 몇 차례 되지 않는다.

대개는 성종이 원상들과 먼저 의논한 뒤

이를 보고하면 재가하는 양상을 띠었다.

"의논한 대로 하세요."

방식이야 어쨌든 나라의 대소사가 다 그녀에 의해 최종 결정되었다. 그야말로 임금의 대리자!

이쯤 되면 권력의 단맛에 취할 법도 한데

"혜롱…"

"측천무후처럼 나도…!"

그녀는 조금도 미혹되지 않았다. 어린 왕의 후견인으로서 그녀가 보여준 최고의 미덕은 결코 자신을 앞세우려 하지 않았다는 점이다.

"주상이 앞에, 나는 뒤에!"

*족친(族親): 상복을 입어야 하는 가까운 친척은 아니지만, 같은 성을 가진 일가붙이.

그렇게 수렴청정의
전 기간을 통해
그녀의 사고와 행동을
결정지은 제일의 준칙은
'손자를 위하여!'였다.

구성군도 쫓아내고

남이의 옥사 후 구성군은 영의정에서 밀려났다.

예종이 죽고 어린 성종이 즉위하자 그는 더욱더 행동을 조심했다.

아차 하면 남이처럼 돼.

그러나 그가 아무리 조심해도 훈구대신들은 그에 대한 경계를 늦추지 않았다.

그럴 수가 없는 게 노산군 직후랑 구도가 너무도 흡사하단 말야.

단종 즉위 때 상황

어린 단종과 권력을 쥔 대신들

호시탐탐 기회를 엿보는 강력한 종친 수양대군

현재 상황

어린 성종과 권력을 쥔 대신들

명망 있는 강력한 종친 구성군

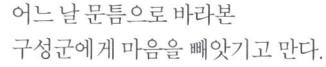

미래를 위한 포석

*피험(避嫌): 사헌부에서 탄핵하는 사건에 관련이 있는 벼슬아치가 벼슬에서 물러남.

군주 수업

어린 성종은 자신이 처한 조건과 상황을 매우 잘 이해했다.

남다른 끈기와 성실성

천성이 공부를 좋아해 가능한 일이었다.

성종은 단지 모범생이었을 뿐 아니라 군주로서의 자질과 사명의식도 뛰어났다. 성종 1년 어느 날, 성종의 유모인 봉보부인 백씨가 청탁을 했다.

"...하오니 그 사람에게 관작을 주실 수 없는지요?"

성종이 무척 소중히 여기고 대우하는 여인이다. 그러나

"대관절 그자에게 무엇을 받았길래 이런 청을 하느냐?"

"네?"

"관작은 공기(公器)인데 이런 식으로 작위를 준다면 나라가 어찌 되겠느냐? 다시 한번 이런 말을 꺼냈다간 결단코 용서하지 않겠다."

"예, 전하! 주...죽을죄를 지었사옵니다."

수령칠사란
수령의 임무를 명문화한 것으로
농상을 성하게 할 것(農桑盛)
호구를 증가시킬 것(戶口增)
학교를 일으킬 것(學校興)
군정을 바르게 할 것(軍政修)
부역을 고르게 할 것(賦役均)
송사를 간명하게 할 것(詞訟簡)
간활을 없앨 것(奸猾息)
이상의 일곱 가지를 말한다.

이에 겸이조 판서 노사신, 이조 판서 이극증이 헐레벌떡 뛰어와 대죄해야 했다.

이렇듯 타고난 자질에 각고의 노력이 더해지니 성종의 군주 수업은 가속도가 붙었고

열다섯을 넘기면서부터는 대부분의 일을 자기 책임 아래 처리하게 된다.

망원정
서울 마포구에 있는 이 정자는 애초에 세종이 효령대군을 위해 지어준 것으로,
후에 월산대군이 넘겨받았다. 성종은 형 월산대군을 위로하기 위해 자주 이곳을 찾았다.
1989년에 복원되었다.

제3장

왕권을
되찾다

친정의 시작

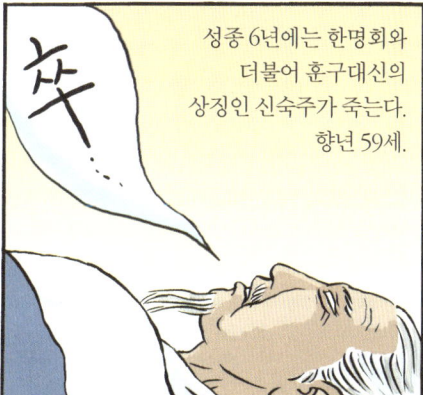

다음은 성종 4년에 있었던 화폐 유통에 관한 토론에서
신숙주가 낸 의견이다.

> 화폐를 통용시키려 해도 그 근본을 연구하지 않으면 이는 백성을 피곤케 할 뿐입니다.
> 화폐를 유통시키는 방법으로 경외(京外)에 시포(市鋪 = 시장, 이 당시 한양 외엔
> 시장이 없었다.)를 열어 백성이 있는 것과 없는 것을 서로 교환케 하는 것밖에 없습니다.
> 있는 것과 없는 것을 서로 교환하려면 물건을 나르는 거리가 멀 수도 있어 돈의 유통에
> 힘입어야만 이루어질 수 있으니, 이것이 화폐가 시장을 필요로 하는 까닭입니다.
>
> 경인년에 흉년이 들었을 때 전라도 백성이 서로 모여 시포를 열고 장문(場門)이라
> 불렀는데 사람들이 이것에 힘입어 보전할 수 있었습니다. 이것이 바로 외방에 시포를 설치할
> 기회였으나 호조에서 수령들에게 물의 수령들이 전례 없던 일이라 하여 금지하기만을
> 바랐으니, 이는 상습만을 좇은 소견이었습니다. 다만 나주 목사 이영견만이 금지하지
> 말기를 청하였으나 호조에서 굳이 금지시켜 천년에 한 번 있을 기회를 잃었으니
> 실로 아까운 일이었습니다.
>
> 신이 전에도 이를 아뢰었고 지금도 반복해 생각해보니
> 큰 의논을 세우는 자는 아래로 민심에 순응해야 성취가 쉽습니다.
> 이제 외방의 큰 고을과 백성이 번성한 곳에 시포를 설치하도록
> 허가하되 강제로 시키지 말고 그들이 바라는 대로 하여
> 민심이 향하는 바를 관망하면 실로 편리할 것입니다.

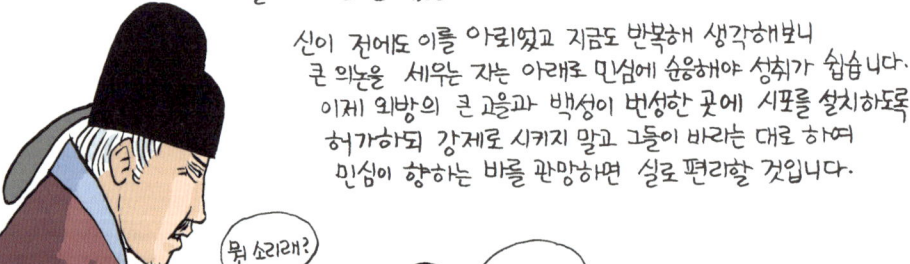

성종은 점점 더 어른이 되어갔다.

이윽고 성종 7년, 스무 살이 되었다.

의경세자를 덕종으로 추존해 종묘에 모신 이틀 뒤,

이제 내 할 일은 다 끝났지?

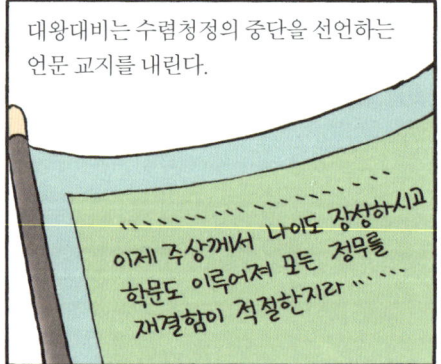

대왕대비는 수렴청정의 중단을 선언하는 언문 교지를 내린다.

이제 주상께서 나이도 장성하시고 학문도 이루어져 모든 정무를 재결함이 적절한지라……

아니 되옵니다. 마마!

*사필(史筆): 역사의 기록. 사관이 역사를 기록하던 문체.

6년 2개월에 걸친 수렴청정을 무리 없이 잘 마무리한 자성대비는

약속대로 이후 정사에 거의 관여하지 않았다.

섭정을 그만두고 7년을 더 살고는 온양 온천에 요양차 갔다가 66세를 일기로 눈을 감았다.
(성종 14년 4월)

대왕대비마마!

손자 성종은 그녀를 최상의 예우로 장사 지냈다.

대왕대비마마의 공덕은 한 나라에 있은즉 장례의 모든 일은 대왕의 예에 따르고 소헌왕후의 고사를 참고하도록 하라.

한명회의 추락

제3장 왕권을 되찾다

예기치 않은 문제 제기에
다들 깜짝 놀랐다.
따지고 보면 자신들이
먼저 거론했어야 할
사안이지 않은가?

부랴부랴 원상들과 대간이 나서서
한명회의 국문을 청했고

한명회도 입궐해 사죄했다.

대간들이 두어 번 더
한명회를 탄핵하는 것으로
이 일은 마무리되는 듯했다.
하지만······.

외로운 늑대,

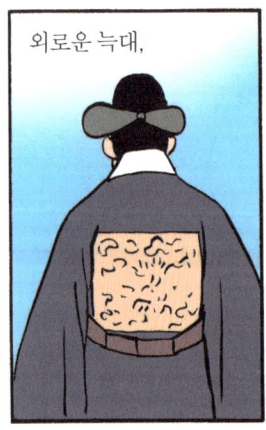

대신 그룹에도 신진 선비
그룹에도 끼지 못하는
사내 유자광.

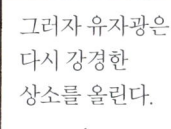

한명회도 상소로 응대했다.

그런데 유자광의 표현대로 한명회의 눈치를 보며 의례적으로 탄핵하는 데 그쳤던 대간이

강경하게 처벌을 주청하는 입장으로 돌아선다.

그간의 실력자 한명회와
친정을 하게 된 성종 간의 힘의 관계가
이 사안이 어떻게 처리되느냐에 따라
판가름나게 된 형국.

결국 백기를 든 쪽은

도학군주

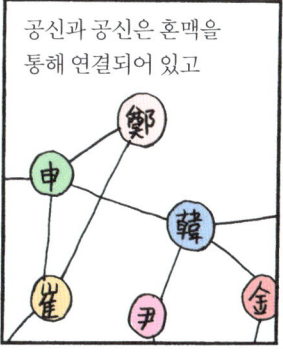

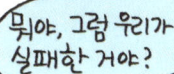

토론과

자문을 거쳐

결정이 이루어진다.

그렇게 경연은 가장 중요한 의사 결정의 장으로 바뀌었다.
바야흐로 경연정치 시대가 열린 것이다. 경연을 담당하는 젊은 신료들의 영향력이 커지고 경연을 겸했던 홍문관의 위상도 강화되었다.

성종식 인사와 사림의 등장

고려 시대 지방의 지배층이었던 향리들이 조선 정부의 강력한 중앙집권화 정책으로 힘을 잃자

새로운 실력자가 등장하게 된다.

나름의 경제적 기반을 갖추었고 조선 건국 이념인 성리학을 신봉하는 이들이 전국 곳곳에서 성장해온 것이다.

이들의 뿌리는 역성혁명에 반대했던 고려 말의 온건개혁파! 건국 세력에게 패한 그들은

낙향하여 후진 양성에 힘썼다.

대표적인 이가 정몽주, 권근의 문하에서 배운 길재다.
(제2권 29쪽 참조)

개국하자 고향인 금오산 기슭에서 노모를 모시며 제자들을 키웠다.

자신은 조선 건국에 반대했지만 제자와 자식 들에게는 출사를 권했다.

너희는 내가 고려에 충성하는 마음을 본받아서 조선의 임금을 섬기도록 해라.

어머니가 죽자 3년상을 치렀고

스승이자 선배인 권근이 죽었다는 소식을 듣자 3년을 심상하는 등 유교 원리 실천에도 앞장섰다.

군·사·부는 일체인즉…

심상(心喪)은 상복은 입지 않으나 상제가 된 심정으로 근신하는 것을 말합니다.

그의 제자 중에 김숙자란 이가 있다. 스승의 뜻에 따라 과거에 급제하여 벼슬도 했지만

그 또한 낙향하여 제자를 키우게 된다.

그의 수제자라 할 수 있는 이는 아들인 김종직이다.

높이 평가한 것은 왕만이 아니었다. 한양의 젊은 선비들도

조정의 신진들도 앞다투어 그의 집을 찾아가 대문을 두드렸다.

이때를 전후해 경상도의 제자들 중에 과거에 급제한 이들이 많아졌다.

경기 일원과 경상도 출신의 제자들은 김종직을 이렇게 불렀고,

기존 세력들은 이들을 '경상도 선배당'이라 불렀다.
지방에서 올라온 김종직이 불과 몇 년 사이에 새로운 흐름을 이끌며 일군의 세력을 형성한 것이다.

월산대군과 제안대군의 삶

매일 아침 일찍 궐에 들어가 문안인사를 올리는가 하면

종친들의 모임, 사신 접대 자리, 임금 주최의 각종 연회 등에 참석하면서도

그 흔한 술 실수 한 번 없었다.

심지어 측근이나 거느린 종들이 일으킨 말썽조차 한 번 없었으니 주변 관리 또한 얼마나 철저했는지 알 수 있다.

집 안에 풍월정을 지어놓고

각종 책들을 비치하여 읽는 것을 낙으로 삼은 그였지만 문사들과의 교류는 극히 삼갔다.

벗이 있다면 책과 시, 음악과 술이었다.

추강에 밤이 드니 물결이 차노매라
낚시 들이치니 고기 아니 무노매라
무심한 달빛만 싣고 빈 배 저어 오노라

월산대군

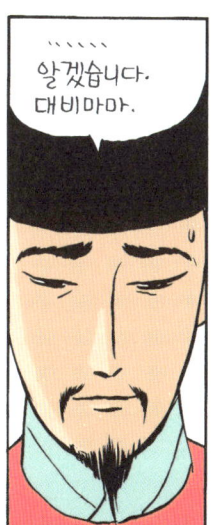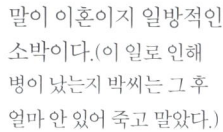

* 졸기(卒記): 죽은 이의 인생과 인물됨에 대한 사관의 간략한 기록.

창경궁 통명전의 샘과 못
수통을 구리로 설치했다가 대간들의 반발로 인해 철거하고 돌로 다시 만들었다. 이렇듯 소소한 것까지
반대하고 나서는 대간의 활동은 뒷날 연산군으로 하여금 왕권에 대한 강력한 문제의식을 갖게 만든다.

제4장

다시 온
태평성대

유교의 생활화

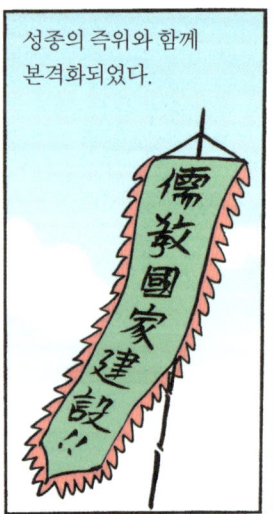

신분 문제를 대하는 신하들의 시각이 이렇게 보수화된 것이다.

자기 관내에서 효자나 열녀가 나오면 고을 수령들의 평점도 높아진다.

이에 힘입어 모범 사례가 각지에서 상당히 많이 올라왔다. 그 유형이 대개 비슷한 게 흠이었지만.

애꿎은 손가락들이 수난을 겪기도 했던 것.

어쨌든 이런 중앙정부의 권장과 지방 사족들의 노력에 힘입어 유교 질서는 빠르게 생활 속으로 파급되었다.

금승법과 인수대비

이리하여 승려가 되는 것을 금하는 법이 제정된 것인데,

인수대비가 예상대로 언문으로 반대 성명을 내면서 강력히 반발했다. 이에 성종이 언제나처럼 한발 물러나는 듯한 태도를 보였다.

모처럼의 기회를 놓칠 신하들이 아니었다.

양측의 주장이 팽팽히 대립하자

대신인 허종과 유지가 신하들을 대표해 창경궁을 찾았다.

제4장 다시 온 태평성대 155

성종의 치적

성종에게 맡겨진 시대적 소명은 수성이었고, 성종 또한 이를 잘 알았다.

유교 정치를 뿌리내리고

선왕 때부터 해오던 일을 잘 마무리하는 것이 내 역할이지?!

앞서 보았듯이 언론을 활성화하고

경연을 중시했으며

홍문관을 육성했고

세종 때의 사가독서제도 부활했다.

학전을 지급하는 등 재정 지원을 해가며 각 지방에 학교를 일으키도록 독려했다.

출판, 인쇄에도 많은 힘을 기울여

세종 때 시작한 《국조오례의》의 완성을 보았고, 세조 때 시작한 《동국통감》도 마무리되었다.

《동국여지승람》, 《동문선》, 《악학궤범》이 간행된 것도 이때.

《동국여지승람》은 세종 때의 《8도지리지》에 《동문선》에 수록된 시문을 첨가하여 만들었죠. 지도와 각 지역의 연혁, 성씨, 인물, 풍습 등을 담고 있는데 노사신, 서거정, 강희맹, 김종직, 양성지 등이 참여했습니다.

《동문선》은 삼국시대부터 조선 초기까지의 시문 430편을 모아 엮은 책으로 성종의 명에 따라 서거정, 노사신, 강희맹 등이 참여해 편찬하였습니다.

《악학궤범》은 〈동동〉, 〈정읍사〉, 〈여민락〉, 〈납씨곡〉 등의 가사를 비롯해 악기들의 연주 방법, 의상, 무대장치, 무용 등을 다룬 음악이론서로 성현, 유자광 등이 저술했습니다.

뭐니뭐니해도 이 시기를 대표하는 성과는 《경국대전》의 완성, 반포다.

왕조 시대에는 왕의 명령이 법의 원천이다.

내 말이 곧 법이다!

세조가 죽고 예종이 이어받아 교정 작업에 박차를 가했으나 그 역시 완성을 보지 못한 채 죽고 만다.

성종 1년에 최항이 일차 완성본을 올리지만

교정이 계속되어 성종 5년에야 반포된다. (이를 갑오대전이라 한다)

갑오년 2월 1일 이후의 모든 일은 《경국대전》에 따르도록 하라.

그러나 다시 미흡함이 제기되어 감교청을 설치해 재교정에 들어간 뒤

성종 16년(1485)에 이르러 더는 고치지 않기로 한 최종 수정본이 나오게 된다. 이것이 오늘날 전하는 《경국대전》으로, 을사대전이라 불린다.

이전은 관제와 관리의 임명 등에 대해 다루고 있고
호전은 재정, 호적, 조세, 녹봉 등을
예전은 과거, 제례, 외교, 교육 등을
병전은 군제와 군사를
형전은 형벌과 재판 등을
공전은 도로, 도량형 등을 다루고 있지.

그러나 시대가 변하면 법도 달라지게 마련. 계속해서 새로운 법률이 만들어지고

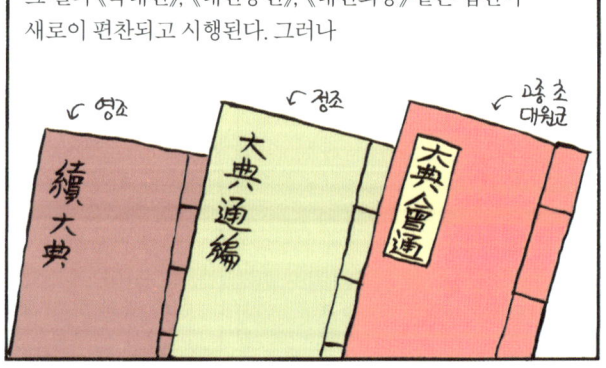
그 결과 《속대전》, 《대전통편》, 《대전회통》 같은 법전이 새로이 편찬되고 시행된다. 그러나

영조 — 續大典
정조 — 大典通編
고종 초 대원군 — 大典會通

태평성대의 이면

성종조는 조선 왕조 최고의 태평성대로 평가된다.

생산력의 발전으로 나라의 부는 늘어났고

국가 이념인 유교는 사회 구석구석으로 파고들었다.

임금은 신념이 투철한 유학자였고,

천성이 어질어서 신하들을 아꼈다.

정치적 사건을 조작해 권신들을 제거하거나 하지 않았고

죄준 신하들도 이내 불러 재등용했다.

"성은이 망극하옵니다."

규모 있는 외침도

내부 반란도 없었다.

신하들은 어쩌면 자신들의 군주가 세종보다도 더 성군으로 여겨졌을지도 모른다.

사실 여러 가지 면에서 성종은 세종과 닮았다.

신하들의 줄기찬 요청이기도 했지만

본인 스스로도 세종을 이상적인 모델로 여겼던 때문이리라.

국가운영 구상과 실행 계획,

실천을 위한 인재의 등용과 배치,

논의를 통해 신하들의 창의적 의견을 최대한 끌어내면서도

꼭 필요하다 싶은 것은 끝장 토론을 통해서라도 관철해 내고야 마는 뚝심과 카리스마.

그런 세종이 이끌었던 시대는 문·무가 고루 발전하고 과학기술 분야까지 거대한 진보를 보았지만

성종 시대에는 아무래도 문(文) 중심의 정치가 펼쳐지면서

과학기술 분야가 정체되고

"보루각의 관리 소홀로 시간이 예전처럼 맞지 않사옵니다."

"화차들이 낡고, 다룰 줄 아는 이도 드물어…"

무, 즉 군사 분야에서 허점이 드러나게 된다.

제4장 다시 온 태평성대

*조운(漕運): 각 지방에서 거둬들인 세금을 배를 이용해 서울로 옮기는 일.

이에 대간이 반대하고 나섰다.

원정을 맡은 장수들에게 상을 내리자 대간은 다음과 같이 반대 주장을 폈다.

이렇듯 조선 특유의 문치주의가 자리 잡으면서 문약(文弱)의 모습이 자라고 있었다.
비록 큰 위기가 닥치지 않을 때는 잘 감지되지 않는 것이긴 하지만.

희대의 스캔들 어우동 사건

태강수의 수(守)는 종4품의 종친을 이르는 칭호로, 대군-군(정1~종2)-도정-정-부정-수… 순이다.

조사 끝에 그녀의 무죄가 밝혀졌고, 태강수에게는 직첩을 빼앗는 벌과 함께 어우동과 재결합하라는 명이 내려졌다.

그러나 그는 친정에 보낸 어우동을 끝내 다시 부르지 않았다.

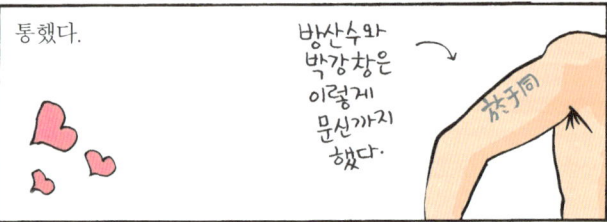

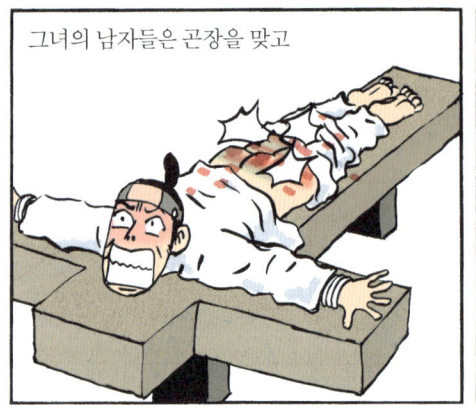

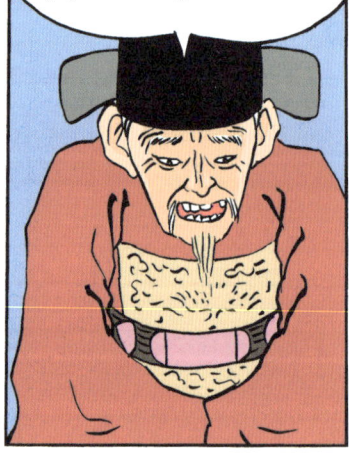

언제나 법과 제도를 중시했던 임금 성종!

그런 성종이 평소의 그답지 않게 강경한 결정을 내린다.

음탕하고 방종하기가 이러한데 죽이지 않는다면 어찌 징계가 되겠느냐? 교형에 처하여라!

어우동은 구경꾼이 운집한 가운데 여종과 함께 죽음을 맞았다.

준비하시고—

당기시오!

그리고 얼마 뒤 성종은 또 한 여인에게 가혹한 결정을 내린다. 어쩌면 그 여인으로 인한 스트레스 때문에 어우동에게 죽음을 내렸을지도 모르겠다.

감히 여자들이...

선릉

서울 강남구에 위치한 성종의 능이다. 성종은 세 명의 왕비를 두었는데 마지막 왕비인 정현왕후 윤씨만 성종 옆에 동원이강 양식으로 함께 묻혀 있다. 첫 번째 왕비인 공혜왕후 한씨는 파주에, 폐비된 윤씨는 경희대학교가 있는 회기동에 묻혔다가 1967년 서삼릉 자리로 옮겨졌다.

제5장

성종이 남긴 유산

중전을 폐하다

성종 4년, 성종은 대왕대비의 명에 따라 윤기견의 딸과 윤호의 딸을 후궁으로 들였다.

윤기견의 딸 열아홉의 성숙한 여인

윤호의 딸 열두 살의 어린아이

무거워

가난한 집 선비인 윤기견은 집현전 관원이 되는 등 가문을 일으킬 인물로 여겨졌지만 일찍 죽고 말아서 딸 윤씨의 성장 환경은 그다지 넉넉하지 못했다.

반면 윤호는 대왕대비의 족친!

양주 목사 시절에 판결을 잘못해 대왕대비의 명에 의해 국문을 받은 적도 있지만, 승진가도를 달려왔기에 딸 윤씨는 어려움을 모르고 자랐다.

나이 때문인지 윤기견의 딸이 몇 달 먼저 숙의에 봉해진다.

이윽고 대왕대비의 전교가 내려졌다.
(성종 7년 7월)

다음은 성종과 대비들이 전하는 이후 그녀의 행태들이다.
(얼마간의 과장은 있으리라.)

성종이 다른 후궁의 처소에 들어 있는데 다짜고짜 들어왔는가 하면

성종을 노골적으로 쌔려보고

대비들이 책망하면 성난 눈으로 노려보았다.

대신들의 집안일을 말하기를 좋아했고

죄지은 여종에게 이런 말도 했다.

아팠을 때는 이렇게 기도했다 하고

이런 말까지 했다 한다.

이쯤 되자 성종과 대비들은 괘씸함을 넘어 두려움을 갖게 되었다.

제5장 성종이 남긴 유산 185

결국 성종 10년 6월, 다시 폐비를 거론하기에 이른다.

그녀의 행실에 대해 익히 들어온 바가 있어서인지 신하들도 이번엔 달랐다.

폐비에게 사약을

폐비 조치가 내려진 지 3년 후,

원자 나이 일곱 살이 되었다.

이제 내년이면 세자에 책봉되실 턴데......
큰일이로세!

어느 날 경연장에서 신하들이 다시 폐비 문제를 거론했다.
이제 따로 처소를 장만해주고 의식을 공급해주는 게 어떠하올는지요?
시독관 권경우

이것 봐라?!

그래, 어떻게 하면 좋겠소?
이미 지존의 배필로 국모이셨던 분이옵니다. 폐위하여 여염에 살게 되니 마음 아프게 여기지 않는 이가 없사옵니다.

*여염(閭閻): 일반 백성이 많이 모여 사는 곳.

신하들의 뜻도 성종과 다르지 않았다.

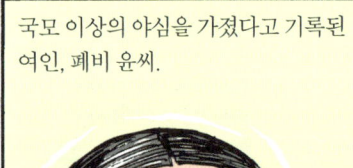

그녀의 오라비들은 곤장을 맞고 유배되었으며

어미 신씨도 유배되었지만

채수와 권경우는 그날로 풀려났다.

성종이 그녀를 위해 베푼 호의는 요 정도.
군인을 몇 명 보내 상여를 운반하고 매장을 돕도록 하라.

그렇게 그녀는 무덤 속으로 사라졌고

조정을 뒤덮고 있던 불안도 걷힌 듯 보였다.

7년의 세월이 흐른 어느 날,

폐비의 악덕을 생각하면 제사를 지내지 않는다고 혼령이 무슨 원통함이 있겠으며 내 어찌 불쌍하다 여기겠는가?

다만 세자의 입장을 생각하면 측은하지 않을 수 없다. 하여, 일정한 격식의 제사를 드려 자식의 심정을 위로하고 영혼을 감응케 하려 한다.

제5장 성종이 남긴 유산

이 결정을 끝으로 폐비 문제는 그 후 오랫동안 재론되지 않았다.

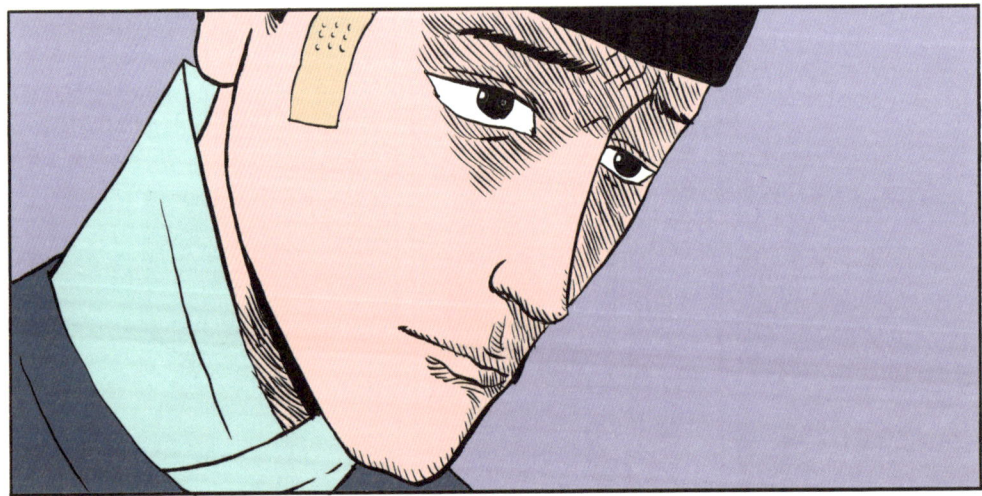

* 명호(名號): 지위를 나타내는 이름.

대간 권력을 남기고

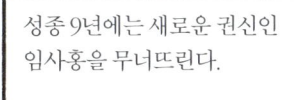

임금이나 대신을 제대로 비판하면 참선비란 명성을 얻고, 명성을 얻으면 출세가 빠르다.

제5장 성종이 남긴 유산

여유가 없는 비판,
비현실적인 비판,
미래의 가능성에 대한 비판,
비판을 위한 비판이
갈수록 잦아졌다.

문제는 성종의 태도, 도저히 아니다 싶으면 분명히 거절하면 될 것을

비판을 받아들이는 군주가 되어야 한다는 모범생 콤플렉스가 언제나 그를 양보하게 만들었다.

소소한 행동 하나하나까지 문제 삼는 대간, 그들을 어찌지 못하는 모범 군주 성종.

이거야 원, 대신 그룹에게서 권력을 되찾아 왔나 했더니 어느새 대간들에게 빼앗기고 말았군.

대간을 향한 불만은 점점 쌓여갔고 그 불만을 드러내는 일도 잦아졌다.

대간들이 자질구레한 일들을 가지고 너무 자주 말을 한다.

지금의 대간은 일의 경중을 가리지 않고 하나라도 들어주지 않으면 간언을 거절하는 조짐이 있다는 둥 하면서 허물을 내게로 돌리려 하니 이것이 옳겠는가?

동병상련의 처지로 하여 대신들과는 가까워졌다.

대간이 너무 심하게 말을 하옵니다.

내 생각도 그래요.

*재이(災異): 자연의 변화로 일어나는 재앙이나 갑작스러운 사고.

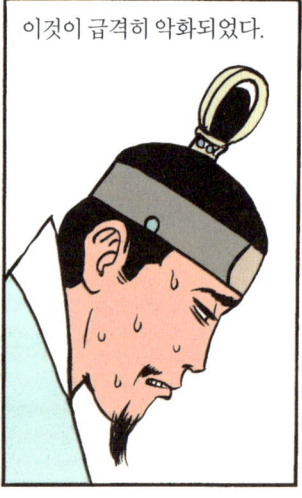

* 모살(謀殺): 미리 계획하여 사람을 죽임.
* 조섭(調攝): 음식이나 환경을 조절하여 건강이 회복되도록 몸을 보살피고 병을 다스림.

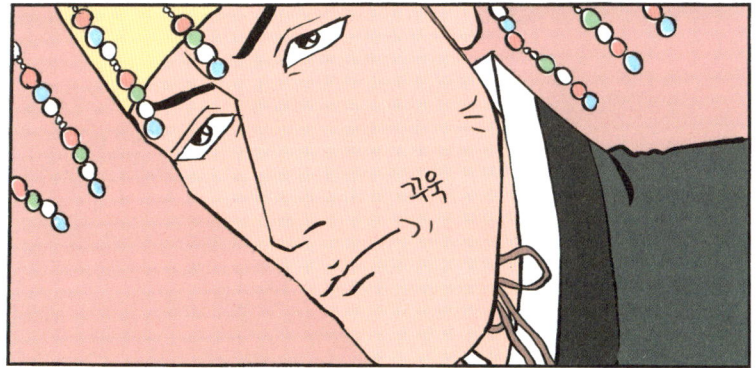

작가 후기

'민수의 옥'은 예종 초기 강력한 대신의 힘을 상징하는 사건이다. 뒷날의 보복을 두려워한 사관들은 대신들에 관한 기록을 남김에 있어서 무척 조심스러웠고, 심지어 이미 쓴 사초를 고치기까지 했다. 그러나 성종조를 통해 대간의 힘이 강화되고 유교 정치가 본격적으로 작동하면서 사관들은 대신들의 눈치를 살필 필요가 없어졌다. 한명회를 평가하는 데서도 《세조실록》, 《예종실록》에서는 칭찬 일색이던 것이 《성종실록》에서는 비난 일색으로 바뀐 것은 이런 사정이 반영된 것이다.

《성종실록》의 작성자들은 대개 김종직의 영향을 받은 젊은 선비들이다. 도덕과 명분을 앞세운 그들은 비록 그 뒤 여러 차례에 걸쳐 참혹한 사화를 겪게 되지만, 끝내 조선 사회의 주류로 자리 잡은 사림 세력인데, 이때부터도 이미 역사의 기록에 관한 한 그들은 주류였던 것이다.

성종에 대한 평가는 바로 사림에 의해 형성되었다. '도학군주'란 별칭을 붙인 것도 그들이다. 성리학의 가르침에 철저한, 다시 말해 그들이 바라던 군주상에 합치되는 임금이라는 의미가 된다. 성종은 재위 내내 신하들의 의견을 존중하고 함부로 벌하지 않았으니 사림들로서는 그를 이상적인 군주라고 볼 만도 하다.

이렇게 한번 내려진 평가는 시대가 바뀌어도 계속 이어져 성종은 오늘날에 와서도 대체로 세종과 함께 조선 전기를 대표하는 명군이라는 소리를 듣는다. 그런데 세종의 업적들이 워낙 화려했던 때문인지 나는 성종에 대해서는 뭔가 많이 부족하다는 인상을 지울 수가 없다. 홍문관

을 육성하고, 경연을 활성화했으며, 대간의 활동을 보장하는 등 세종 때의 유교 정치를 복구, 발전시킨 것과 세조가 시작한 《경국대전》의 완성을 봄으로써 조선식 법치제도의 틀을 마련했다는 것으로 과연 그만한 평을 얻어도 되는 것인가?

세종은 대간과 대신의 권력을 적절히 조절하며 서로 견제하게 하면서 자신의 구상대로 정국을 끌고 갈 수 있었지만, 성종은 어렸을 때는 대신 세력에게, 친정 후에는 대간들에게 주도권을 빼앗긴 듯한 모습을 보여준다. 세종은 군대를 일상적으로 훈련시키고 화포 등 무기 개량에 힘써 기강이 바로서고 (당시로서는) 현대화된 군대를 만들었지만, 성종 시절의 군대는 많이 해이해진 모습을 보인다. 이런 식으로 비교하자면 끝도 없다.

이렇게까지 써놓고 보니 성종에게 조금 미안하다는 생각이 든다. 본래 창업군주나 일을 많이 벌인 군주에 비해 수성군주들은 화려하지 않은 법이다. 절대적인 권력을 쥐고 있으면서 이미 마련된 제도에 따라 잔소리를 들어가며 정치를 해나가는 일도 쉬운 일은 아니지 않은가? 대간들의 잔소리를 대할 때마다 힘으로 밀어붙이고 싶은 유혹을 얼마나 많이 느꼈을까? 그런데도 그는 스트레스를 안으로 삭이면서 제도를 범하지 않았다. 한편으로는 높이 평가해줘야 할 대목이다.

《예종·성종실록》 연표

1468 예종 즉위년
9.7 수강궁 중문에서 예종이 즉위하다.
남이를 겸사복장으로 좌천시키다.
9.8 세조가 훙하다.
9.21 신숙주, 한명회, 구치관, 박원형, 최항 등을 원상으로 임명하다.
9.24 신하들이 올린 세조의 시호에 대해 예종이 문제를 제기하다.
9.25 세조의 시호를 결정하다.
10. 4 강력한 분경금지조치를 내리다.
10.24 유자광의 고변으로 남이 등을 체포하고 국문을 시작하다.
10.26 문효량이 남이에게 불리한 진술을 하다.
10.27 남이가 혐의를 시인하고 교열형에 처해지다.
10.28 정난익대공신을 선정하다.

1469 예종 1년
1. 5 석성 현감 민효증이 호패법의 불편을 거론했다가 국문을 당하다.
1. 6 족질이 낫지 않아 명산에 기도케 하다.
남이의 집을 유자광에게 주다.
1.23 한명회를 영의정에 제수하다.
윤 2.29 하삼도에 경차관을 파견하여 불법을 저지른 수령들을 강력히 감찰토록 하다.
4.24 대신 양성지 등과 관련한 기록을 고쳐 쓴 사관 민수를 체포, 국문하다.
8.10 반인 전중생의 난언으로 구성군에게 위험이 닥치다.
8.22 한명회가 병으로 사직하고 홍윤성이 영의정에 제수되다.
9.24 감군, 순장 등을 일제 점검케 하여 당직에 빠진 자 등을 국문하다.
10. 8 형옥을 맡은 관리들에게 유시하다.
10.13 이말중, 이양보가 밤에 까치가

운 것으로 난언을 했다가 능지처사되다.
11.18 족질을 앓다.
11.28 예종이 훙하다.

1469 성종 즉위년
11.28 신숙주가 나서서 대왕대비와 후사를 논하다. 경복궁에서 성종이 즉위하다.
12. 1 한명회를 겸병조 판서에 제수하다.
12. 3 예종의 묘호를 정하다.
12. 4 대왕대비가 호패법의 폐지를 제기하다. 대왕대비 이후로 원장(둥근 곤장)의 사용을 금하다.
12. 8 대왕대비가 무능한 족친을 천거하지 말도록 하다.

1470 성종 1년
1. 2 성균관 생원 김윤생이 최세호의 집에 가자, 최세호가 구성군을 거론하며 난언을 하다.
1. 7 산릉 작업에 동원된 군졸들이 구성군을 거론하며 난언을 하다.
1.13 대간들이 연일 구성군을 죄줄 것을 청하는데, 신숙주가 나서서 세조 시절에 나인과 구성군 사이에 있었던 일을 거론하며 처벌을 청하다.
1.14 구성군을 귀양 보내다.
1.22 의경세자를 의경왕으로, 수빈을 인수왕비로 봉하고, 의경묘를 경릉으로 고치다.
2.19 졸곡제를 행하고 난 뒤 왕과 백관 모두 흰옷을 입다.
3.12 왕대비와 인수왕비의 서열에 대해 신숙주가 형제의 서열을 따르라고 말하다.
3.19 정몽주, 길재의 자손을 서용케 하다.
4. 1 영순군 이부가 죽다.
5.12 대왕대비가 족친 윤호의 국문을 명하다.

6. 5 원상 김질이 더위를 이유로 주강을 정지할 것을 청했으나 성종이 받아들이지 않다.
7.24 편전에서 청탁을 한 봉보부인 백씨를 야단치다.
9.13 구치관이 죽다.

1471 성종 2년
3.27 좌리공신을 선정하다.
6.18 무당들을 성 밖으로 내쫓다.
《소학》 등을 간행해 널리 백성에게 읽히다.
외친도 6촌 이내면 혼인을 금지하게 하다.
윤 9.25 장령 홍귀달의 청에 따라 야대도 하기로 하다.
10.23 신숙주를 영의정에 제수하다.
12.15 《세조실록》이 완성되다.

1472 성종 3년
2.14 구성군 가족에게 의복과 식량 등을 내리다.
2.20 대왕대비가 인수왕비의 서열을 왕대비의 위에 두게 하다.
2.25 수령7사를 대답하지 못한 신창 현감을 체직하다.
5. 9 《예종실록》이 완성되다.
5.23 대왕대비가 단종의 처 송씨와 그 친족에게 의식을 공급하게 하다.
6.19 지평 박시형이 원상제 폐지를 청했다가 사헌부 내부에 논란이 일고, 결국 사헌부 전원이 좌천되다.
12. 8 평창 군수 김순성을 변호했다는 이유로 한명회를 탄핵했다가 사헌부 전체가 좌천되다.

1473 성종 4년
1.13 윤기견, 윤호의 딸들을 후궁으로 들이다.

2.11 화폐 유통과 관련한 토론에서 신숙주가 자생적인 시장을 육성할 필요성에 대해 논하다.
3.19 윤기견의 딸을 숙의에 봉하다.
6.14 윤호의 딸을 숙의에 봉하다.
8. 4 사족의 부녀자가 여승이 되는 것을 금지시키다.

1474 성종 5년

1. 2 《경국대전》을 반포하고(갑오대전), 2월 1일부터 따르도록 하다.
4.15 한명회의 딸인 중전 한씨가 죽다.
5.15 한명회가 겸판서의 사임을 청하자 이를 수락하면서 좌의정에 제수하다.
9. 1 어버이 시신을 버려두고 매장하지 않는(풍장 풍습) 자는 사형에 처하게 하다.
9.11 병선을 물건을 나르는 데 사용하면서 폐단을 낳다.
9.19 예조의 계에 따라 영응대군, 민제의 묘 등에 있는 정자각과 석양, 석호 등을 철거하게 하다.
12. 4 곡, 두, 승의 체제와 척, 촌을 상정한 대로 만들어 인을 찍고 쇠자를 만들어 모든 도의 계수관에게 나눠 보내게 하다.(도량형 정비)

1475 성종 6년

6. 4 사은사로 갔던 한명회의 여러 행태가 문제 되다.
6.21 신숙주가 죽다.
9. 8 홍윤성이 죽다.
9.20 의경왕의 종묘 부묘를 명하다.
10. 6 논의를 거쳐 의경왕의 묘호를 덕종으로 정하다.

1476 성종 7년

1.13 대왕대비가 정무에서 물러난다는 언문 교지를 내리고, 논란 끝에 성종이 친정을 수락하다.
1.14 친정 첫날 성종이 전날 한명회의 발언을 거론하다.
2.19 유자광이 한명회를 탄핵하는 극렬한 소를 올리다.
2.23 유자광이 한명회를 탄핵하는 재상소를 올리다.
2.28 한명회가 반박 상소를 올리다.
3.29 한명회의 사직을 허락하다.
4.27 유자광도 지나쳤다는 이유로 파직하다.
5.19 원상제를 폐지하다.
6. 4 사가독서제를 부활시키다.
7.11 윤기견의 딸 숙의 윤씨를 새 중전으로 결정하다.
12.15 한명회의 종이 위세를 믿고 장삿배의 재물을 강탈하는 데 절도사 이종생과 수령이 지원하다.
12.17 노사신, 서거정, 이파 등이 《삼국사절요》를 지어 올리다.

1477 성종 8년

윤 2.24 유자광을 도총관으로 삼다.
3. 4 봉선사에서 금자경 간행 작업을 행하자 대간이 문제 삼다.
이에 인수대비가 성종에게 자기 의견을 밝히다.
3.29 중전을 폐한다는 언문 교지가 내려지다.
3.30 임사홍 등의 반대로 중전을 폐위하려는 뜻을 거두다.
7. 9 일 처리를 둘러싸고 도승지 현석규와 승지들 사이에 내분이 일다.
8.17 승지들을 전원 인사 조치하다. 단 현석규는 두 자급 올려 대사헌에 제수했는데, 이를 대간이 비판하자 다시 두 자급을 올려 형조 판서에 앉히다.
9. 5 유자광과 지평 김언신이 현석규가 소인이라는 상소를 올리다. 이에 유자광은 공신이라 하여 용서하고 김언신은 하옥하다.
9. 9 대간들이 합사하여 현석규의 죄를 청하다.

1478 성종 9년

1.11 모화관 동쪽에서 두개골이 깨진 참혹한 여자 시체가 발견되다.
1.19 경연 뒤 이극배가 쇠락한 병선의 상황을 보고하다.
3.19 예문관 관원 일부를 홍문관으로 옮겨 임명하다.
4.21 금주령과 관련해서 임사홍이 대간의 태도를 비판하다.
4.27 대간이 임사홍의 발언은 간신의 말이라며 죄주기를 청하다.
4.28 처음에는 임사홍을 두둔하던 성종이 그의 고신을 거두도록 명하다.
5. 6 붕당을 만들어 조정을 문란케 한 죄를 물어 유자광, 임사홍, 김언신 등을 유배하다.
7. 9 육조의 당상관과 호조, 형조, 공조의 낭관은 문·무 교대로 등용케 하다.
8. 4 살아 있는 새를 잡아오고 초목을 가져다 모양을 본떠 그리게 하다.

1479 성종 10년

1.28 구성군이 귀양지에서 죽다. 경기도 광주에 묻히기를 희망했으나 승지들의 의견을 좇아 유배지에 묻도록 하다.
6. 2 중전을 폐하다.
8.16 폐비의 사저가 좁다며 별전에 두기를 청한 대사헌 등을 추국하게 하다.
윤 10.11 야인 정벌에 협공하라는 명나라 황제의 칙서가 내려지자 어유소를 서정 원수로 삼아 군사를 파견하다.
윤 10.22 폐비의 집에 도둑이 들다.
11.11 얼음이 얇아 강을 건널 수 없다는 이유로 어유소의 원정군대를 해산해버리다.
11.18 원정군의 해산 조치에 대해 명나라의 견책이 있을 것을 염려해 서정군을 다시 편성하고 좌의정 윤필상을 도원수로 삼다.
12.20 서정군이 강을 건너 야인 15급을 베고 15명을 포로로 삼다.
제안대군의 부인을 폐하라고 전교하다.
어유소의 직첩을 회수하다.

1480 성종 11년
7.9 어우동 사건이 드러나다.
10.4 윤호의 딸 숙의 윤씨를 왕비로 삼을 것에 대해 말하다.
10.18 어우동을 교형에 처하다.
11.8 왕비책봉식을 행하다.

1481 성종 12년
1.4 미결된 송사의 신속한 처리를 위해 단송도감을 만들다.
1.20 경복궁의 산맥에 있는 집 200여 채를 헐도록 하다.
6.25 한명회가 명나라 사신을 자신의 별장인 압구정에 초청하려다 성종의 분노를 사다.
7.1 한명회의 직첩을 거두다.
8.25 무관인 어유소를 이조 판서에 등용하다.
11.17 한명회의 직첩을 돌려주다.

1482 성종 13년
5.6 제안대군이 이혼한 부인 김씨와 몰래 통한다는 보고가 있다.

6.18 제안대군의 종들이 부인 박씨를 모함하려고 일을 꾸민 것이 드러나다.
7.23 유자광의 직첩을 돌려주다.
8.11 시독관 권경우가 폐비의 처소를 마련해줄 것을 청하다.
8.16 폐비 윤씨에게 사약을 내리다.
12.11 제안대군과 박씨를 이혼케 하다.

1483 성종 14년
4.1 대왕대비가 온양 온천에 갔다가 죽다.
8.27 김종직을 홍문관 부제학에 제수하다.
10.8 서거정의 청에 따라 《동국통감》을 편찬하게 하다.

1484 성종 15년
2.11 좌찬성 서거정이 창경궁의 여러 전각의 이름을 지어 올리다.
8.6 김종직을 도승지에 제수하다.
9.27 창경궁이 완성되다.
11.13 서거정 등이 《동국통감》을 편찬해 올리다.

1485 성종 16년
윤 4.13 통명전 옆의 구리 수통을 둘러싸고 논란이 일다.
5.7 인수대비, 인혜대비가 창경궁으로 옮기다.
5.29 제안대군이 언문으로 글을 올려 첫 부인 김씨와의 재결합을 승인해줄 것을 요구하다.

1486 성종 17년
1.2 한명회가 왕세자의 입학례를 청했으나 허락하지 않다.
2.22 정성근이 영안도 6진의 취약해진 방비 상태를 보고하다.

3.6 임사홍의 고신을 돌려주다.
5.11 효령대군이 죽다.

1487 성종 18년
1.27 정창손이 죽다.
2.8 김종직 등이 《동국여지승람》을 교정해 바치다.
2.29 왕세자가 성균관에 입학하다.
3.1 신승선의 딸을 왕세자빈으로 정하다.
6.17 조관들이 창기를 첩으로 삼는 세태에 대해 문제를 제기하다.
11.14 한명회가 죽다.

1488 성종 19년
2.6 선정전에서 왕세자의 혼례식을 갖다.
6.12 범인을 찾기 위해 종이 주인을 고발케 할 것인지를 놓고 신하들과 논전을 벌이다.
12.21 월산대군이 죽다.
12.24 서거정이 죽다.

1489 성종 20년
2.28 김종직을 형조 판서에 제수하다.
5.24 관직을 내릴 때 최종 결정 때까지 비밀이 지켜질 수 있게 하라고 이조에 명하다.
9.26 각도 관찰사에게 《구급간이방》을 보내다.
10.27 승정원에 술을 내리고 7언율시를 지어 올리게 하다.(이후 유사한 명이 잦음.)
11.14 임사홍을 홍문관에 두기로 했다가 대간들의 반대로 취소하다.
11.21 황해도 도둑 김일동을 잡다.

1490 성종 21년
4.1 《삼강행실도》를 곳곳에 보급하도록 하다.
5.21 임원준, 유자광, 성현 등이 〈상화곡〉, 〈이상곡〉 등의 음란한 가사를

고쳐오다.
12.4 혜성이 출현하자 소격서에 초제를 시행해 성변을 물리치자는 승정원의 건의에 "성변은 빌어서 물리칠 수 있는 것이 아니다. 덕을 닦는 데 있다."며 반대하다.

1491 성종 22년
2.6 야인이 조산보에 침입해 60여 명을 사로잡아가다.
4.17 북정을 결정하고 허종을 도원수로 삼다.
10.23 허종이 승전을 보고하다.

1492 성종 23년
1.8 원정군이 귀환할 때 동상에 걸린 자가 속출했다는 보고가 있다.
2.6 원정 때 식량 준비를 제대로 못해 굶어 죽은 이가 여럿 나왔다는 보고가 있다.
2.7 병으로 낙향한 김종직에게 약과 의원을 보내주다.
5.8 북정에 대한 공을 의논했으나 대간들은 사실상의 실패라며 강력히 반대하다.
6.5 더위로 병날 것을 우려해 왕세자에게 조강만 행하도록 하다.
8.7 박원종을 승지로 발탁했으나 대간의 강력한 반발로 공조 참의로 삼다.
8.19 김종직이 죽다.
11.22 인수대비가 나서서 금승법을 격렬히 반대했으나 결국 통과되다.

1493 성종 24년
4.14 논란 끝에 김종직의 시호를 '문충'에서 '문간'으로 바꾸다.
9.16 의술에 정통한 자를 현직에 임명케 하다.
11.3 허종이 대간과 재상의 화합을 주장하고 임금이 동조하다.

1494 성종 25년
5.27 대사헌 정경조가 최근 대간의 말은 반드시 물리친다고 말하다.
10.9 세 발 달린 암탉을 둘러싼 논란이 일다.
12.20 배꼽 밑에 종기가 생기다.
12.24 정승들에게 물러가지 말고 승정원에 머물며 왕세자와 의논하라고 전교하다. (원상제 복원) 대조전에서 성종이 훙하다.

조선과 세계

조선사

1468	세조 사망, 예종 즉위
1469	예종 사망, 성종 즉위
1470	구성군 귀양
1471	《소학》 간행
1472	《예종실록》 완성
1473	유생의 군역 면제
1474	《경국대전》 반포
1475	신숙주 사망
1476	한명회, 탄핵 받고 사직
1477	성종, 사찰 창건 금지
1478	임사홍, 유자광 유배
1479	왕비 윤씨 폐위
1480	어우동 사건이 드러나다
1481	《동국여지승람》 간행
1482	폐비 윤씨에게 사약을 내림
1483	연산군 세자 책봉
1484	창경궁 완성
1485	《동국통감》 완성
1486	효령대군 사망
1487	한명회 사망
1488	월산대군 사망
1489	김방의 고변 사건
1490	《삼강행실도》 보급
1491	도원수 허종, 여진족 토벌
1492	도첩제 폐지
1493	《악학궤범》 완성
1494	성종 사망

세계사

카라 코윤루(흑양조) 멸망
에스파냐, 페르난도와 이사벨 결혼
영국, 에드워드 4세 네덜란드로 망명
베트남, 전국 통일
러시아에 차리즘 성립
명, 왕월, 타타르의 침입을 격파
이탈리아, 토스카넬리, 세계지도 제작
오스만튀르크, 크림 반도 정복
부르고뉴공국, 스위스 공격에서 패배
부르고뉴공국, 프랑스에 병합
모스크바 대공국, 노브고로드공국 정복
오스만튀르크, 알바니아 정복
에스파냐, 종교재판소 설치
프랑스, 프로방스 합병
에스파냐, 그라나다왕국 정복전 시작
영국, 에드워드 4세 피살, 리처드 3세 즉위
일본, 교토에서 농민 무장봉기 일어남
영국, 튜더 왕조 시작
미얀마, 퉁구 왕조 시작
명, 성화제 사망, 홍치제 즉위
포르투갈, 희망봉 항로 발견
일본, 교토 대지진으로 2,000여 호 손실
신성로마제국, 막시밀리안 1세, 합스부르크 영토 통일
프랑스, 브르타뉴 병합
에스파냐, 콜럼버스의 신대륙 발견
포르투갈-에스파냐, 토르데시야스조약 체결
이탈리아, 메디치 가문이 피렌체에서 추방당함

Summary
The Veritable Records of King Yejong and Seongjong

From a System of High Officials to Censorate Power

Sejo's second son, Yejong, succeeded his father to the throne. As the crown prince, Yejong lived up to the expectations of Sejo and the high officials by exhibiting a quiet and attentive character, sincerely attending royal lectures, and taking care of political affairs in the king's absence.

Upon his ascension to the throne, however, Yejong took a more hardline approach to affairs of state, often intimidating his high officials. Having watched his father in the years leading up to his coronation, Yejong seemed to have chosen to become a strong monarch. Although he came to some decisions through discussion with his high officials, he was also know to make other decisions on his own, showing his potential to become a strong monarch, comparable to his father. However, Yejong died young, just fourteen months into his reign, so he never had an opportunity to make his mark on the country.

After the death of Yejong, Seongjong assumed the crown at the age of thirteen. On his behalf, Queen Dowager Jeonghui conducted state affairs behind the bamboo curtain (suryeom cheongjeong) for six years and two months. Upon turning twenty, Seongjong himself took power and suppressed the meritorious elite faction by supporting the Sarim, the local Confucian literati, to form a new group of influence.

Strictly abiding by Confucian principles, Seongjong stayed open to the criticism of his officials and highly valued Confucian royal lectures. He promoted local state academies and prioritized publication and printing. Seongjong especially manifested Confucian state ideology at an institutional level by distributing the County Code (Gyeongguk daejeon), which stated the fundamental laws of the Joseon dynasty.

Increases in productivity, in turn, increased country wealth. Confucianism, the official state ideology, seeped into every area of society. Fortunately, Seongjong's reign was devoid of major foreign interventions or internal uprisings. For these reasons, Seongjong's reign is often seen as an age of peace within Joseon history. Nonetheless, as theoretical Neo-Confucian scholarship-centered politics prevailed, science and technology sectors stagnated, exposing weaknesses in the military sector.

The Veritable Records of the Joseon Dynasty

In the Joseon Dynasty, there were always officials who followed and monitored the king. They slept in the room adjacent to where the king slept, and they attended every meeting the king held. The king could not go hunting or meet a person secretly without these officials being present.

Total of eight officials, relatively low-ranking ones whose grades ranged from Jeong 7th to Jeong 9th, were called 'Sagwan,' and in rotation they observed and recorded all the details of daily events that involved the king, things that the king said, and things that happened to him. The authority and confidentiality of these officials were guaranteed by the system, and their work was not to be intervened or interrupted by others. The drafts created by them were called 'Sacho.' Even the king was not allowed to read those drafts, and the compilation process only began after the king's death.

When the king passed away, the highest ranking governmental official would be appointed as the chief historical compiler. A research team would collect all the drafts and relevant supporting materials, select important records with historical significance, and organize them in a chronological order. The finished product was usually called 'Sillok,' which means veritable records.

These "Annals" were created under strict regulations and protocols. Total of five sets were published. One set was kept in the king's palace, and the rest of them were stored in special repositories located in remote mountains far from the capital, in order to avoid possible damages in a disaster. Although only four copies were made in the beginning, when three sets out of four were incinerated during the war with the Japanese in the 1590s, Joseon began to make five copies to prevent the same problem.

The Veritable Records of the Joseon Dynasty features a most magnificent scale, as it is a record of all the events that occurred over 472 years, from the reign of King Taejo to the reign of the 25th King Cheoljong (1392~1863). It consists of 1,893 volumes and 888 books (total of 64 million Chinese characters).

The Veritable Records of Joseon was allowed to be read in only special occasions. But if it was so, why did they put such a tremendous amount of effort into recording their own history? And why would such efforts have continued throughout the history of Joseon? The people of Joseon must have thought it was very important to live a life that would not be shameful to their own descendants.

Source: A Korean History for International Readers, Humanist, 2010.

세계기록유산, 《조선왕조실록》

《조선왕조실록》이란?

　　《조선왕조실록》은 국보 제151호이자 유네스코 세계기록유산(1997년 지정)으로 조선 건국에서부터 철종까지 472년간을 편년체로 서술한 역사 기록물이다. 총 1,893권, 888책이며, 한글로 번역할 경우 300여 쪽의 단행본 400권을 훌쩍 넘는 분량이다. 철종 이후의 기록인 《고종실록》과 《순종실록》도 있으나 이것은 일본의 지배하에 편찬된 타라 통상《조선왕조실록》으로 분류하지 않는다. 《단종실록》, 《연산군일기》, 《선조실록》, 《철종실록》처럼 기록이 부실한 경우도 있는데 정변이나 전쟁, 세도정치라는 시대 상황이 낳은 결과이다. 또한《선조수정실록》, 《현종개수실록》, 《숙종실록보궐정오》, 《경종수정실록》처럼 뒷날에 집권한 당파의 요구에 의해 새로 편찬된 경우도 있다. 하지만 원본인《선조실록》, 《현종실록》, 《숙종실록》, 《경종실록》을 폐기하지 않고 함께 보존함으로써 당대를 더욱 정확히 알게 해준다. 이렇듯《조선왕조실록》은 그 기록의 풍부함과 엄정함에 더해 놀라운 기록 보존 정신까지 보여주는 우리 선조들의 위대한 유산이다.

《조선왕조실록》은 어떻게 기록되었나?

　　조선은 왕이 사관이 없는 자리에서 관리를 만나는 것을 엄격히 금지했다. 또한 왕은 원칙적으로 사관의 기록(사초)을 볼 수 없었다. 신하들도 마찬가지여서 실록청 담당관을 제외하고는 누구도 볼 수 없었다. 그래서 사관들은 왕이나 권력자의 눈치를 보지 않고 보고 들은 일들을 있는 그대로 기록할 수 있었다. 왕이 죽으면 실록청이 만들어지고 모든 사관의 사초가 제출된다. 여기에 여타 관청의 기록까지 참조하여 실록이 편찬된다. 해당 실록이 완성되고 나면 사초는 모두 물에 씻겨졌다(세초). 이렇게 만들어진 실록은 여러 곳의 사고에 나누어 보관되는데, 이 또한 후대 왕은 물론 신하들도 열람할 수 없도록 했다. 선대의 왕들에 대한 기록이나 평가로 인해 필화 사건이 생기지 않도록 한 것이다. 이 같은 원칙들이 철저히 지켜졌기에《조선왕조실록》이 오늘날까지 존재할 수 있었다.

도움을 받은 책들

《국역 조선왕조실록 CD-ROM》, 서울시스템주식회사, 1995.
강재언, 《선비의 나라 한국 유학 2천 년》, 한길사, 2003.
김경수, 《'언론'이 조선왕조 500년을 일구었다》, 가람기획, 2000.
김문식·김정호, 《조선의 왕세자 교육》, 김영사, 2003.
박덕규, 《신숙주 평전 - 사람의 길, 큰사람의 길》, 둥지, 1995.
박영규, 《조선의 왕실과 외척》, 김영사, 2003.
박영규, 《한 권으로 읽는 조선왕조실록》, 들녘, 1996.
신명호, 《조선의 왕》, 가람기획, 1998.
윤정란, 《조선의 왕비》, 차림, 1999.
이덕일, 《사화로 보는 조선 역사》, 석필, 1998.
이덕일, 《살아있는 한국사》 2, 휴머니스트, 2003.
이상협, 《조선전기 북방사민 연구》, 경인문화사, 2001.
이성무, 《조선왕조사》 1, 동방미디어, 1998.
이이화, 《이야기 인물 한국사》 5, 한길사, 1993.
이이화, 《이이화의 한국사 이야기》 9, 한길사, 2000.
임용한, 《조선 국왕 이야기》, 혜안, 1998.
임용한, 《조선 국왕 이야기》 2, 혜안, 1999.
장영훈, 《왕릉풍수와 조선의 역사》, 대원미디어, 2000.
최범서, 《야사로 보는 조선의 역사》 1, 가람기획, 2003.
하일식, 《연표와 사진으로 보는 한국사》, 일빛, 2000.
한국고문서학회, 《조선시대 생활사》, 역사비평사, 1996.
한국생활사박물관 편찬위원회, 《한국생활사박물관》 9, 사계절, 2003.

박시백의 조선왕조실록 6 예종·성종실록

1판 1쇄 발행일 2005년 8월 1일
2판 1쇄 발행일 2015년 6월 22일
3판 1쇄 발행일 2021년 3월 15일
4판 1쇄 발행일 2024년 6월 24일

지은이 박시백

발행인 김학원
발행처 (주)휴머니스트출판그룹
출판등록 제313-2007-000007호(2007년 1월 5일)
주소 (03991) 서울시 마포구 동교로23길 76(연남동)
전화 02-335-4422 **팩스** 02-334-3427
저자·독자 서비스 humanist@humanistbooks.com
홈페이지 www.humanistbooks.com
유튜브 youtube.com/user/humanistma **포스트** post.naver.com/hmcv
페이스북 facebook.com/hmcv2001 **인스타그램** @humanist_insta

편집주간 황서현 **편집** 최인영 박나영 강창훈 김선경 이영란 **디자인** 김태형 **사진** 권태균 **영문 초록** 윤권교
번역 감수 김동택 David Elkins **조판** 프린웍스 **용지** 화인페이퍼 **인쇄** 삼조인쇄 **제본** 해피문화사

ⓒ 박시백, 2024

ISBN 979-11-7087-168-2 07910
ISBN 979-11-7087-162-0 07910(세트)

- 이 책은 저작권법에 따라 보호받는 저작물이므로 무단 전재와 무단 복제를 금합니다.
- 이 책의 전부 또는 일부를 이용하려면 반드시 저자와 (주)휴머니스트출판그룹의 동의를 받아야 합니다.